VIE

DE

Saint Jean-Baptiste

MISE EN VERS FRANÇAIS

D'APRÈS L'ÉVANGILE

Par l'Abbé J.-B. PARADIS

> Je suis la voix de celui qui crie dans le désert : « Préparez le chemin du Seigneur, rendez droits ses sentiers,... car sa venue est proche. »
>
> Saint Matthieu, III, 3.

POUR LIRE AU TEMPS DE L'AVENT

LYON

Librairie Générale Catholique et Classique

EMMANUEL VITTE, Directeur

Libraire-Imprimeur de l'Archevêché et des Facultés Catholiques

3, PLACE BELLECOUR, ET RUE CONDÉ, 30

—

1894

VIE

DE

SAINT JEAN-BAPTISTE

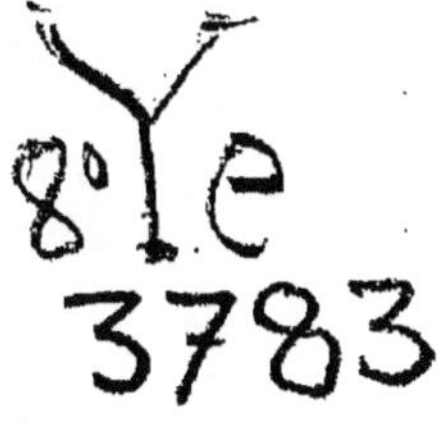

LYON. — IMPRIMERIE EMMANUEL VITTE, RUE CONDÉ, 3o.

VIE

DE

SAINT JEAN-BAPTISTE

MISE EN VERS FRANÇAIS

D'APRÈS L'ÉVANGILE

Par l'Abbé J.-B. PARADIS

> Je suis la voix de celui qui crie dans le désert : « Préparez le chemin du Seigneur, rendez droits ses sentiers,... car sa venue est proche. »
> SAINT MATTHIEU, III, 3.

POUR LIRE AU TEMPS DE L'AVENT

LYON

Librairie Générale Catholique et Classique
EMMANUEL VITTE, DIRECTEUR
Libraire-Imprimeur de l'Archevêché et des Facultés Catholiques
3, PLACE BELLECOUR, ET RUE CONDÉ, 30

1894

DÉDICACE

A

MONSEIGNEUR L'ARCHEVÊQUE

Pontife vénéré, Pasteur aimé des cieux,
    Du siège de Pothin héritier glorieux,
A vous l'humble tribut de ma muse illettrée,
Vous dont la cathédrale à Jean est consacrée.
De sa vie en mes vers agréez le présent ;
Pour mes premiers essais daignez être indulgent.

JHS

PRÉFACE

SERVANT D'INTRODUCTION A LA

VIE DE SAINT JEAN-BAPTISTE

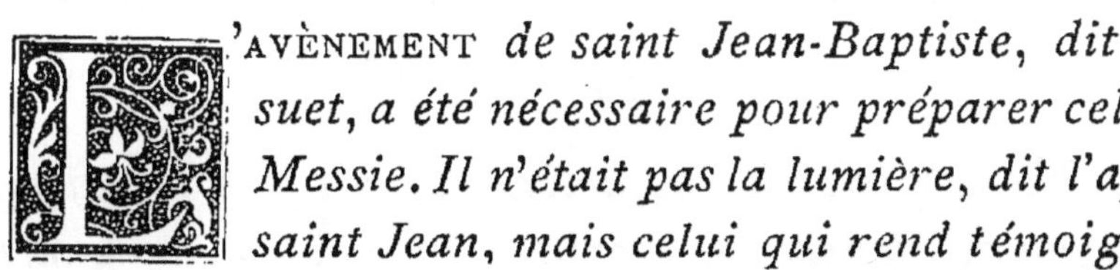

Son rôle de Précurseur

L'AVÈNEMENT *de saint Jean-Baptiste, dit Bos-suet, a été nécessaire pour préparer celui du Messie. Il n'était pas la lumière, dit l'apôtre saint Jean, mais celui qui rend témoignage à la lumière. Jésus-Christ a été le Soleil, Jean-Baptiste l'aurore qui l'a précédé : il était un flambeau ardent et luisant :* erat lucerna ardens et lucens *(Joan., v, 35). Mais quoi! s'écrie saint Augustin, avons-nous besoin d'un flambeau pour voir le Soleil? Oui, répond le saint docteur, à cause de la faiblesse de nos yeux ; nous n'aurions pu voir le soleil tout d'un coup, il nous aurait éblouis; Jean-Baptiste a été le flambeau dont la pâle lueur nous a adouci l'éclat de ses rayons :* tam infirmi sumus ; per lucernam quærimus diem. (S. Aug.)

*Le grand évêque de Meaux, dans son livre des Elé-*vations sur les Mystères, *donne quatre circonstances principales de la vie et de la mort de saint Jean-Baptiste préparatoires à la vie et à la mort de Jésus-Christ. Ces quatre circonstances, développées en quelques mots, vont servir d'introduction à cette petite vie, toute calquée sur l'Evangile.*

CONCEPTION ET NATIVITÉ DE JEAN-BAPTISTE PRÉPARATOIRES A LA CONCEPTION ET A LA NATIVITÉ DE JÉSUS-CHRIST

« Jésus-Christ, dit Bossuet, devait naître d'une vierge mais pour préparer les esprits à une aussi grande merveille, Dieu commence par faire naître Jean-Baptiste d'une stérile ». Sainte Elisabeth, stérile et mère de Jean-Baptiste, préparait déjà Marie, vierge et mère de Jésus. De même Zacharie, époux d'Elisabeth, homme juste, devenu vieux, père au-dessus des lois de la nature,

préparait saint Joseph, époux de Marie, qualifié de juste par l'Evangile, et appelé père de Jésus, quoiqu'il le fût moins encore que Zacharie de Jean-Baptiste, puisqu'il ne l'était qu'aux yeux des hommes. De plus, Jean préservé de la tache originelle dès le sein de sa mère, qui le sentit tressaillir en elle, et l'enfanta presque sans douleur, préparait encore Jésus, seul complètement exempt de la tache originelle avec sa mère qui, l'ayant conçu sans péché, l'enfanta sans aucune douleur.

Toutefois, si la conception de Jean-Baptiste a été une préparation à celle du Sauveur, la naissance du premier ne fut pas moins une préparation à la naissance du second.

Le même ange Gabriel annonce leur naissance à tous les deux. La future grandeur de l'un et de l'autre est prédite de la même manière, mais avec cette différence que la supériorité se trouve toujours du côté du Messie sur son précurseur. Ainsi, si l'ange annonce à Zacharie que son fils sera grand aux yeux du Seigneur, il prédit à Marie que le sien sera le Fils du Très-Haut : s'il donne au fils d'Elisabeth le nom merveilleux de Jean, il donnera à celui de Marie un nom plus merveilleux encore, le nom sacré de Jésus, qui veut dire Sauveur. « Jean sera grand, dit l'aigle de Meaux, comme un serviteur, comme un héraut, qui marche devant son maître, mais Jésus sera grand par lui-même, puisqu'il est le Fils de Dieu, et Dieu lui-même, et que son règne n'a point de fin. »

Il n'y a pas jusqu'aux circonstances merveilleuses qui accompagnèrent la naissance de Jean-Baptiste qui ne soient comme un prélude des circonstances plus merveilleuses encore qui accompagneront plus tard la naissance de l'Homme-Dieu. La guérison du saint prêtre, le recouvrement de la parole et de l'ouïe, étaient une préparation à l'apparition des anges aux bergers de Bethléem, à celle de l'étoile miraculeuse aux Mages. Enfin le sublime cantique Benedictus, *qu'inspira l'Esprit-Saint au vieillard Zacharie dans le temple, était aussi le prélude de cet autre cantique, non moins sublime, le* Nunc dimittis, *inspiré par le même Esprit au vieillard Siméon lors de la présentation de Jésus au même temple.*

DEUXIÈME CIRCONSTANCE DE LA VIE DE SAINT JEAN-BAPTISTE PRÉPARATOIRE A LA VIE DE JÉSUS-CHRIST : SA VIE ÉTONNANTE DANS LE DÉSERT.

« *On ne sait à quel âge Jean-Baptiste se retira dans le désert; mais on croit que l'Esprit-Saint, qui s'était manifesté en lui dès sa naissance, lui inspira de bonne* heure l'amour de la solitude. Il y vécut jusqu'à trente ans, époque de sa manifestation. »

Mais comment cette vie passée au désert pouvait-elle préparer les voies au Messie ? Il semble que Jean, qui était le cousin de Jésus, aurait dû vivre en sa compagnie et se former à son école, comme plus tard les apôtres, qui vécurent trois ans avec lui.

S'il eût vécu en la société de Jésus, son parent, son témoignage n'eût pas eu la même force ; moins indépendant, il eût paru moins désintéressé. « Jean-Baptiste devait vivre séparé de Jésus, dit l'abbé Dehaut, afin que son témoignage, indépendant des liaisons de l'amitié, en eût plus de force. Appelé à s'élever avec une sainte liberté et une véhémence pleine de feu contre les vices et les désordres de ses concitoyens, il était convenable qu'il ne connût personne, et qu'inconnu lui-même, il apparût tout à coup au milieu des hommes comme un ange descendu du ciel. »

De plus, appelé à prêcher plus tard la pénitence à tous, il devait la pratiquer le premier ; car il n'y a pas d'éloquence plus persuasive que celle de l'exemple. On pourrait dire de lui ce qu'on dira de Jésus plus tard : cœpit facere et docere, il a commencé par pratiquer ce qu'il devait enseigner.

Par sa vie mortifiée, par son jeûne austère et sa prière continuelle il préludait déjà au jeûne et à la prière de quarante jours de Jésus dans le désert. Et si le disciple fut plus pénitent et plus austère que le Maître, c'est que sa mission était une mission de pénitence ; il ne devait prêcher que la pénitence, tandis que le Sauveur des hommes, venu pour servir de modèle à tous, devait prêcher également et pratiquer toutes les vertus. « Bene omnia fecit : *il a bien fait toute chose.* »

TROISIÈME CIRCONSTANCE DE LA VIE DE SAINT JEAN-BAPTISTE PRÉPARATOIRE A LA VIE DE JÉSUS-CHRIST : SA PRÉDICATION.

Mais les temps sont venus où le Messie doit paraître au monde et sortir de sa retraite de Nazareth. Qui va l'annoncer ? L'esprit prophétique, muet depuis plus de 500 ans, parle de nouveau en ce moment, et la voix de Dieu se fait entendre à Jean, au fond de son désert. Il paraît tout à coup sur les bords du Jourdain, et inaugure sa prédication de la pénitence par les paroles du prophète Isaïe, qui avait ainsi annoncé sa mission : « Je suis la voix de Celui qui crie dans le désert : préparez les voies du Seigneur ; rendez droits ses sentiers, aplanissez le chemin : toute vallée sera comblée, et toute montagne abaissée : et toute chair verra le salut qui vient de Dieu. » (Is. ,LX, 3-4-5.)

D'après ces paroles la prédication de la pénitence a deux objets : relever d'abord les consciences abattues et humiliées, c'est ce qu'Isaïe entend par combler les vallées ; puis abattre les cœurs superbes, et c'est ce que signifient ces paroles du même prophète : abaisser les montagnes, aplanir les chemins montueux.

Or, c'est précisément ce que fit le précurseur quand il rabattit l'orgueil des Pharisiens. Ils lui demandaient ce qu'ils devaient faire pour recevoir le règne du Messie.

« Race de vipères, *leur dit-il*, qui pourra vous faire soutenir la colère à venir... faites de dignes fruits de pénitence... tout arbre qui ne porte pas de bons fruits sera coupé et jeté au feu. » (Luc., III, 7-8-9.)

Mais Jean-Baptiste, sévère pour les Pharisiens orgueilleux et hypocrites, se montre, au contraire, doux et bienveillant pour le peuple humble et de bonne volonté. Il ne lui demande que de vouloir bien partager son vêtement avec celui qui n'en a point, et son pain avec celui qui a faim. Aux publicains, gens pourtant odieux aux Juifs, le précurseur prescrit de n'exiger que l'impôt nécessaire ; aux soldats, de s'abstenir de vol,

de meurtre et de pillage, de se contenter de leur solde.
« Jésus viendra donner les conseils de perfection, dit
encore Bossuet, Jean s'attache aux préceptes ; et sans
prêcher aucun excès, il console tout le monde, en ouvrant
la porte du ciel aux emplois non seulement les plus dan-
gereux, mais encore les plus odieux, s'ils sont néces-
saires, pourvu qu'on s'y renferme dans les règles. »

QUATRIÈME CIRCONSTANCE DE LA MORT DE JEAN-BAPTISTE
PRÉPARATOIRE A LA MORT DE JÉSUS

Jésus-Christ pendant sa vie devait être haï, persécuté
et mis à mort. Là encore Jean-Baptiste devait être le
précurseur de son Maître. Il avait à combattre les
mêmes ennemis que Jésus ; les Pharisiens d'abord, dont
il démasquait l'orgueil et l'hypocrisie, ensuite tous ceux
qui transgressaient la loi de Dieu.

Le Messie sera mis à mort par la jalousie et la haine
des Pharisiens, des docteurs de la loi. De même son
précurseur subira le martyre, en proie à la haine
d'Hérode, et surtout à la jalousie d'Hérodiade. Pilate
condamnera Jésus à mort, bien qu'il le reconnaisse
innocent, mais par faiblesse, et pour ne pas déplaire à

Auguste ; de même Hérode fait trancher la tête à Jean-Baptiste qu'il reconnaît innocent et consulte comme un ami, par faiblesse aussi, et pour ne pas déplaire à Hérodiade, sacrifiant ainsi sa conscience à une passion honteuse, comme le gouverneur sacrifiera la sienne à l'ambition.

Ainsi saint Jean-Baptiste n'a pas été seulement le précurseur du Messie par sa prédication ; mais sa vie tout entière, jusqu'à sa mort, n'a été qu'une longue préparation à la vie et à la mort de Jésus-Christ. Aussi, pour bien connaître la vie de ce divin Sauveur, est-il très utile, pour ne pas dire nécessaire, de connaître auparavant la vie de celui que Dieu avait choisi pour préparer sa venue.

C'est du moins le but que je me suis proposé en essayant d'écrire cette vie admirable en des vers simples, mais clairs et précis. Je me suis efforcé de reproduire en ma versification la noble simplicité du récit évangélique, tâchant de traduire exactement la pensée du texte original, et la parole de Dieu telle qu'elle a été écrite par les écrivains inspirés, sacrifiant plutôt quelque chose des règles strictes de la poésie pour conserver plus intact le texte sacré. Heureux si mon modeste travail, en faisant connaître le Précurseur, pou-

vait servir à faire connaître Celui dont il n'était que la voix, et dont il se croyait indigne de délier la chaussure !

Puisse ce grand saint, que le Fils de Dieu n'a pas craint d'appeler à son tour le plus grand des enfants des hommes, daigner bénir ce bien faible monument que j'ai tâché d'élever en son honneur ! Puisse-t-il, du haut du ciel où sa grandeur et sa puissance se sont encore accrues, m'obtenir la grâce précieuse, à moi et à tous ceux qui liront cette vie, de mieux connaître et surtout de mieux aimer Celui qu'il a pris tant de peine à faire connaître sur la terre !

J.-B. PARADIS.

25 Juillet 1894.

PROLOGUE

Du saint avènement du Sauveur, du Messie,
L'illustre précurseur et le nouvel Élie,
Des prophètes anciens le dernier successeur,
De la nouvelle loi le premier confesseur,
Du Christ premier disciple, apôtre, évangéliste
Et martyr, mon héros est le grand Jean-Baptiste,
Lumière ardente et pure, et flambeau lumineux
Qui du Soleil divin nous prépara les feux.
C'est lui qui, le premier, dans le sein de sa mère,
Par un tressaillement divin, plein de mystère,
Proclame sa présence et sa divinité.
A peine encor conçu, de la stérilité,
De l'opprobre odieux il affranchit sa mère,
Et délie en naissant la langue de son père.

Par la grâce divine et l'Esprit-Saint conduit,
Dès sa première enfance au désert il s'enfuit.
A l'âge de trente ans il prépare la voie,
Et rend droits les sentiers de Celui qui l'envoie.
Au milieu de la foule apparaissant soudain,
Il prêche en baptisant sur les bords du Jourdain.
Du Messie arrivé proclamant la présence,
Il baptise Jésus, malgré sa résistance.
De sa doctrine enfin devenant le martyr,
Il confesse son Dieu jusqu'au dernier soupir.

INVOCATION

***

LLUSTRE précurseur, glorieux Jean-Baptiste,
   Du ciel daigne bénir ton humble apologiste.
   Pour chanter tes vertus il me faudrait la voix
Des Saints qui, dans les cieux, chantent le Roi des rois;
Il me faudrait la harpe ou la lyre des anges
Pour pouvoir dignement célébrer tes louanges.
Mais toi qui du Messie as dirigé les pas,
A mes faibles efforts ne m'abandonne pas.
Rends plus forte ma voix, et ma langue plus pure ;
De ta protection la faveur me rassure.
C'est, dans mon impuissance, à toi que j'ai recours :
Mes pas sont chancelants, prête-moi ton secours,
Afin que, m'avançant sous ta noble bannière
J'entre résolument dans la sainte carrière.

I

L'ANGE GABRIEL

ANNONCE A ZACHARIE

LA NAISSANCE DE JEAN-BAPTISTE

(Luc., 1, 5-25)

Sous le règne d'Hérode, alors roi de Judée
(Avant, sous les Romains, prince de l'Idumée),
Vivait un prêtre saint de l'ordre d'Abia.
(Le sceptre avait quitté la tribu de Juda.)
Ce prêtre selon Dieu s'appelait Zacharie.
Sa femme Elisabeth n'était pas moins chérie
De Dieu que du prochain : car tous deux pleins de foi,
De Moïse en tout point ils observaient la loi.

Pourtant, malgré leur foi, leur piété sincère,
Leur cœur était en proie à la tristesse amère :
L'épouse étant stérile, et n'ayant point d'enfants,
L'époux vieux et courbé sous le fardeau des ans.
Or, un jour que ce prêtre au Seigneur agréable,
Faisait brûler au temple un encens favorable,
Tout à coup apparut, à droite de l'autel,
A côté du vieillard, l'archange Gabriel.
A cette vision, véritable et non feinte,
Zacharie est surpris et troublé par la crainte.
« Ne craignez rien, dit l'ange à l'aspect gracieux,
Car Dieu, dans sa bonté, vient d'exaucer vos vœux ;
Et je vous en apporte à l'instant la nouvelle.
Bientôt Elisabeth, votre épouse fidèle,
Doit enfin mettre au monde un enfant merveilleux,
Que vous nommerez Jean, d'un nom miraculeux ;
Pour vous sujet de joie et de reconnaissance,
Ainsi que pour plusieurs, au jour de sa naissance ;
Car il deviendra grand aux regards du Seigneur,
Il s'abstiendra de vin et de toute liqueur ;
Mais s'il doit se priver de vin, de bonne chère,
Il sera prévenu, dès le sein de sa mère,
Des dons de l'Esprit-Saint. Rempli de la vertu
Et de l'esprit d'Elie, au Messie attendu,
Il saura convertir les enfants et les pères,
Ramènera l'impie et les pécheurs ses frères

Au Seigneur d'Israël pour faire un peuple saint,
Qui devra pratiquer sa loi sainte en tout point. »

Doute de Zacharie, il devient muet

(Luc., 1, 18-25)

COMMENT s'accomplira votre promesse étrange ?
Répondit Zacharie aux paroles de l'ange ;
Je suis vieux, et ma femme est d'un âge avancé. »
— « Prêtre de peu de foi, dit l'ange courroucé ;
Mon nom est Gabriel, je vis en la présence
Du Dieu, souverain roi, dont la toute-puissance
Veut que l'on obéisse à son commandement ;
Je viens vous l'annoncer du ciel en ce moment.
Et parce qu'à ma voix vous vous montrez rebelle,
Vous serez dès ce jour (et Dieu sera fidèle)
Sans parole et sans voix ; mais les événements
Qui vous sont annoncés, se verront en leur temps. »

Le peuple, cependant, debout sous les portiques,
S'étonnait du retard des prières publiques.
Après le sacrifice, étant sorti dehors
Il veut parler au peuple et fait de vains efforts.

On connut par ce signe éclatant, manifeste,
Qu'il avait eu sans doute un entretien céleste.
De la tête et des mains le vieillard s'agitait,
Mais il ne put parler, et demeura muet.

Après les jours fixés par l'envoyé céleste,
Son épouse chérie, au cœur humble et modeste,
Pleine de confiance, au temps marqué conçut.
Mais gardant son trésor, cachée elle vécut
Loin des regards humains, en elle retirée,
Méditant du Seigneur la parole sacrée.
Dans sa reconnaissance et son ardente foi
Elle disait : « Ce Dieu, mon Sauveur et mon Roi,
De son humble servante honorant la bassesse,
A lavé son affront, consolé sa tristesse. »

Naissance de Jean-Baptiste et sa circoncision

(Luc., 1, 57-67.)

NFIN d'Elisabeth on connut le secret :
L'épouse, accomplissant le céleste décret,
Mit au monde l'enfant. A l'heureuse nouvelle,
Les parents, les voisins accourent auprès d'elle,
Pour la féliciter de ce bienfait du ciel.
Mais elle s'humilie aux pieds de l'Eternel.

Or, au huitième jour, venus pour circoncire
Cet enfant nouveau-né, tous les voisins de dire
Qu'il fallait lui donner le nom de ses parents,
Selon l'usage hébreu pratiqué de tout temps
Alors parlant pour tous : « Point du tout, dit la mère,
Cet enfant n'aura point le nom qu'avait son père,
Mais s'appellera Jean. — Nul en votre maison,
Objectent les parents, n'est nommé de ce nom ? »

Dans un tel embarras au père l'on fait signe,
Demandant de quel nom il veut qu'on le désigne.
Prenant une tablette, il écrivit, disant :
« Il n'aura d'autre nom que le seul nom de Jean. »

Pendant qu'on admirait de semblables merveilles,
Il sentit tout à coup se rouvrir ses oreilles,
Se délier sa langue, et, sa bouche s'ouvrant,
Il se mit à parler, louant et célébrant
L'Auteur de tous ces biens. Or, depuis la Judée,
Le bruit s'en répandit jusqu'en la Galilée.
Le peuple en s'éloignant s'écriait étonné :
« Que sera, pensez-vous, plus tard, ce nouveau-né ? »

Cantique de Zacharie (Luc., 1, 67-80).

En ce moment, poussé par l'esprit prophétique,
Zacharie entonna son sublime cantique :
« Béni soit à jamais le Seigneur d'Israël
Qui visite son peuple en ce jour solennel,
Et veut bien consacrer précurseur du Messie,
Si longtemps attendu, le fils de Zacharie.
Comme il l'avait prédit par la bouche des siens,
Par l'oracle constant des prophètes anciens,
Qu'il nous délivrerait de ceux qui nous haïssent,
Et viendrait nous soustraire à ceux qui nous maudissent ;
Accomplissant enfin à son heure, en son temps,
Le serment qu'il avait juré depuis longtemps,
De se donner à nous, par le saint ministère
De nos premiers parents, d'Abraham, notre père ;
Afin que, délivrés de tous nos ennemis,
Nous le servions sans crainte, à son amour soumis ;
Dans un saint tremblement marchant en sa présence,
En toute sainteté durant notre existence.

Et toi, petit enfant, tu seras appelé
Prophète du Très-Haut. De l'Esprit-Saint comblé,
Tu marcheras devant, annonçant sa présence,
Enseignant du salut la divine science

A son peuple choisi : sachant que désormais
Les péchés sont remis, effacés pour jamais
Par la grâce du Dieu de paix et de clémence,
Qui pour nous visiter de l'Orient s'avance ;
Tu porteras du Christ le glorieux flambeau
Devant le monde assis à l'ombre du tombeau,
Assureras enfin notre marche douteuse
Dans les justes sentiers d'une paix bienheureuse. »

****

**Saint Jean-Baptiste dans le désert prépare
sa mission future par la pénitence.** (Luc.,
i, 80).

CEPENDANT, prévenu de bienfaits si nombreux,
En sagesse croissait l'enfant miraculeux.
Tandis qu'en grandissant, il avançait en âge,
Son esprit, ses vertus progressaient davantage.
Dès ses plus jeunes ans conduit par l'Esprit-Saint,
Il s'enfuit au désert, loin du monde qu'il craint.
C'est là que, s'adonnant au jeûne, à la prière,
Pendant plus de trente ans il vécut solitaire ;
Mortifiant son corps par les privations,
Nourrissant son esprit de méditations ;

Devant un jour prêcher la sainte pénitence,
Il s'exerce à souffrir avec patience.
Quelle sobriété dans tout son aliment !
Et quelle austérité dans son habillement !
Un peu de miel sauvage était sa nourriture,
Son lit la terre nue, et sa boisson l'eau pure ;
Son habit un cilice en poils durs de chameaux,
Sa seule compagnie étaient les animaux.
Une grotte, un rocher, voilà son domicile,
Et contre la chaleur ou le froid seul asile ;
Le concert des oiseaux pour récréation,
Avec Dieu seul enfin la conversation.
Ainsi loin des mondains, exempt d'inquiétude,
Jean se sanctifiait dans cette solitude.
Ainsi dans le travail, la contemplation,
Ce grand saint préparait sa haute mission.

II

SAINT JEAN-BAPTISTE

INAUGURE SA VIE PUBLIQUE

EN PRÊCHANT SUR LES BORDS DU JOURDAIN

(MATH., III, 1-16.)]

(779 de Rome, 26ᵐᵉ année de l'ère vulgaire.)

DE l'empereur Tibère en la quinzième année,
Ponce-Pilate étant gouverneur de Judée,
La Galilée étant sous Hérode Antipas,
Tandis qu'en Abylène était Lysanias,
Sous les pontificats et d'Anne et de Caïphe,
Qui furent tour à tour l'un et l'autre pontife,
La parole de Dieu se fit entendre à Jean,
Au fond de son désert ne buvant, ne mangeant.

Et docile aussitôt à la voix qui l'appelle,
Sur les bords du Jourdain ce disciple fidèle
Se rendit pour prêcher la pénitence ainsi :
« Repentez-vous, le Christ approche, le voici.
Je suis l'ange envoyé pour préparer la voie
A sa proche venue, et c'est lui qui m'envoie,
Selon qu'il est écrit : c'est moi qui suis la voix
Criant dans le désert : rendez ses sentiers droits ;
Tout mont s'abaissera ; toute creuse vallée
Doit sous ses pas divins être bientôt comblée ;
Les chemins montueux devront être aplanis,
Les sentiers raboteux deviendront tous unis ;
Tout homme et toute chair qui vit et qui respire
Verra du Rédempteur le pacifique empire. »

Précis de la prédication de J.-B.

a) Reproches aux Pharisiens. (Luc., iii, 7-10.)

CEPENDANT de Judée, et de ces régions
Qui bordent le Jourdain, de tous les environs,
Le peuple allait à Jean recevoir le baptême,
Confessant ses péchés avec douleur extrême.
(Mais ce baptême ancien, légal, extérieur,
Figurait le nouveau, réel, intérieur.)

Or, voyant affluer vers lui la secte altière
De ces Pharisiens à la démarche fière :
« Qui pourra, leur dit-il, vous faire soutenir
Du Messie irrité la colère à venir ?
O nation maudite, et race de vipère,
Vous ne pourrez jamais éviter sa colère,
Sans produire les fruits d'un digne repentir,
Sans faire pénitence, et sans vous convertir !
En vain vous alléguez, et donnez pour défense,
Que vous tous d'Abraham êtes la descendance,
De ces pierres Dieu peut susciter des enfants
A ce saint patriarche, et père des croyants.
Or, la cognée est mise à l'arbre, à sa racine,
S'il ne porte des fruits il touche à sa ruine ;
Car tout arbre sans fruits doit, sans ménagement,
Être coupé, du feu pour être l'aliment. »

b) AVERTISSEMENT DE JEAN-BAPTISTE A LA FOULE,

AUX PUBLICAINS, AUX SOLDATS. (Luc., III, 10-14.)

MAIS si le précurseur était dur et sévère
Pour les Pharisiens, race orgueilleuse et fière,
Il était indulgent, doux et plein de bonté
Pour la foule et les gens de bonne volonté.

Celle-ci demandant : « Maître, que faut-il faire
Pour recevoir du Christ le règne salutaire ? »
— « Que celui qui possède un double vêtement
En donne un, répond-il, au pauvre mendiant ;
Et que celui qui vit au sein de l'abondance
Fasse part de ses biens à la triste indigence. »

Vers Jean-Baptiste aussi vinrent les Publicains,
Gens odieux aux Juifs, très avides de gains.
— Et nous, lui dirent-ils, que nous faudra-t-il faire ?
— « N'exigez purement que l'impôt nécessaire. »

Les soldats à leur tour disaient : Que ferons-nous ?
— « Du pillage, du vol, de meurtre abstenez-vous.
Fuyez la violence, ainsi que la colère,
Contents de votre paye, et de votre salaire. »

Premier témoignage de Jean-Baptiste en faveur de Jésus-Christ. (Luc., iii, 15-18.)

C'EST ainsi qu'à chacun, venant le consulter,
Jean traçait le devoir à faire, à méditer ;
Si bien que tout le monde, admirant sa science,
Crut du Sauveur lui-même à la sainte présence.

Pour moi, dit-il alors : « Je baptise dans l'eau,
Mais celui qui viendra, le Rédempteur nouveau,
Par sa divinité tellement me surpasse
Que je me reconnais indigne de la grâce
De nouer sa chaussure, en tombant à genoux :
Lui, dans l'Esprit, le feu, vous baptisera tous.
Déjà, le van en main, il va purger son aire,
Séparer le bon grain de la paille légère,
Recueillir au grenier le froment, le bon grain,
Jeter la paille au feu qui jamais ne s'éteint. »

Baptême de Jésus-Christ par saint Jean-Baptiste. (Matt., III, 13-17.)

Or, pendant que les Juifs recevaient le baptême
Des mains du précurseur, le Rédempteur lui-même,
Jésus de Nazareth se présente soudain [même,
Pour être baptisé sur les bords du Jourdain.
Le disciple, voyant venir son divin Maître,
S'écria d'aussi loin qu'il put le reconnaître :
« — Quoi ! vous, mon doux Jésus et mon souverain Roi
Je dois aller à vous, et vous venez à moi,
Qui ne suis qu'un pécheur !... — Pour lors laissez-moi faire,
Lui répond le Sauveur, la chose est nécessaire.

Dans les desseins du ciel nous devons accomplir
Ainsi toute justice, et ne jamais faiblir. »

Le disciple à ces mots obéit à son maître,
Et Jésus, Roi des rois, et le Souverain Prêtre,
Entra dans le Jourdain pour être baptisé.
Sur son corps innocent quand l'eau sainte eut glissé,
Le ciel s'ouvrit soudain sur Jésus en prière,
Et tout le firmament s'inonda de lumière.
Sous forme de colombe alors le Saint-Esprit
Descendit aussitôt sur la tête du Christ ;
Et du Père la voix tendre, douce, ineffable,
S'épanchant du ciel pur sur la terre coupable,
Disait : « Voici mon Fils, mon Enfant bien-aimé,
En qui brûle l'amour dont je suis enflammé
Pour les hommes pécheurs ; car je deviens leur Père,
Depuis qu'en s'incarnant, mon Fils s'est fait leur frère. »

Ainsi le précurseur, selon qu'il est écrit,
Témoignait en disant : « J'ai vu le Saint-Esprit
Descendre sur Jésus. Je l'ignorais encore,
Quand cette voix me dit : C'est mon Fils, qu'on l'adore. »

Deuxième témoignage de Jean-Baptiste en faveur de Jésus-Christ aux envoyés du Sanhédrin. (Joa., 1, 19-28.)

Jean-Baptiste à prêcher toujours persévérait,
Et la foule vers lui plus nombreuse accourait
Recevoir le baptême. Emu de l'affluence
Qu'attirait au Jourdain sa nouvelle présence,
Le Sanhédrin envoie un groupe mécréant
S'informer quel était ce nouveau baptisant,
Vers lequel affluait une foule ravie.
Etait-il un prophète, était-ce le Messie ? »

Voici le témoignage important, décisif,
Que Jean-Baptiste alors rendit au peuple juif :
— « Je ne suis point, dit-il, le Christ ou le Messie. »
L'ambassade reprit : — « Etes-vous donc Elie ?
— Pas davantage encor. — Alors dites-le-nous,
Etes-vous un prophète ? — Oh ! non, détrompez-vous.
— Si vous n'êtes le Christ, ni l'un des grands prophètes,
De vous que pensez-vous, dites-nous qui vous êtes,
Afin qu'ayant reçu la réponse au plus tôt,
Nous puissions aux docteurs la porter aussitôt. »
— « Je suis, dit-il, la voix qui dans le désert crie :
« Rendez droits ses sentiers, comme dit Isaïe. »

Or les Pharisiens étaient ces envoyés
Par le grand Sanhédrin, par les prêtres payés.
Dans tout ce qu'il dirait ils voulaient le surprendre.
Aussi font-ils semblant de ne pas le comprendre.
Ils l'interrogent donc une seconde fois :
— « Pourquoi baptisez-vous, si vous êtes la voix,
Et n'êtes pas le Christ, ni le prophète Elie ? »
— « Je baptise dans l'eau, mais voyez, je vous prie,
S'il ne se trouve point, tout au milieu de vous,
Quelqu'un plus grand que moi, que vous ignorez tous.
C'est Lui qui doit venir, Lui, dont, je vous l'assure,
Je n'ose à deux genoux délier la chaussure. »

Troisième témoignage de Jean-Baptiste en faveur de Jésus-Christ. (Joa., 1, 28-34.)

Tout ceci se passait au delà du Jourdain
Où le saint baptisait. Or, dès le lendemain,
Voyant venir à lui Jésus, le vrai Messie :
« Voici l'Agneau divin, aussitôt il s'écrie.
C'est Lui qui de ce monde efface le péché,
Pour lequel sur la croix il doit être attaché :
Voici du genre humain l'adorable Victime,
Qui, dans son sang divin, doit laver notre crime.

C'est Celui dont j'ai dit qu'il était avant moi,
Maître de l'univers et le souverain Roi.
En un mot il est Dieu, moi je ne suis qu'un homme ;
Je ne suis que d'hier, sans fin est son royaume.
Je ne connaissais pas le Rédempteur nouveau ;
Mais Dieu qui m'envoya pour baptiser dans l'eau,
Me dit : « Celui sur qui tes yeux verront descendre
Et reposer l'Esprit, sache alors le comprendre,
C'est Celui qui baptise en l'Esprit et le feu.
J'ai vu, j'ai témoigné qu'Il est le Fils de Dieu. »

Dernier témoignage de Jean-Baptiste en faveur de Jésus-Christ (Joa., III, 22-36.)

Au bout de quelques jours, passés dans la contrée,
Jésus de nouveau vint en terre de Judée.
Or, les siens en ce lieu baptisaient en son nom,
Et ceux du précurseur baptisaient dans Ennon ;
Car l'eau, près de Salim, était très copieuse,
Et la foule au baptême y venait très nombreuse.
Jean n'avait pas encore été mis en prison.
Or, entre eux et les Juifs une discussion
S'éleva pour savoir si de Jean le baptême,
Valait mieux que celui de Jésus-Christ lui-même.

Ils vinrent le trouver, pleins d'un esprit jaloux,
Disant : « Maître, celui qui naguère de vous
Sur les bords du Jourdain recevait le baptême,
Voici que comme vous il baptise lui-même ? »
Mais l'humble précurseur, tranchant la question :
— « Nul ne doit dépasser, dit-il, la mission
Qu'il tient du Tout-Puissant : avouez, je vous prie,
Que j'ai dit n'être pas le Christ ou le Messie,
Ni prophète non plus, mais l'Ange précurseur,
Qui prépare la voie à ce divin Sauveur.
Est époux qui possède une épouse chérie.
De l'ami de l'époux la joie est accomplie,
Dès qu'il entend sa voix, et qu'il est près de lui ;
C'est là qu'il doit trouver son bonheur, son appui.
Ainsi je suis heureux et ma joie est parfaite.
Il faut que je m'abaisse, et que Lui monte au faîte ;
Car de qui vient du ciel le langage est divin,
Mais de l'homme mortel le langage est humain.
Celui qui vient du ciel surpasse tous les autres,
Et de tout ce qu'il sait instruira ses apôtres.
L'homme hélas ! par les sens, par l'orgueil abusé,
De croire à sa parole a souvent refusé.
Mais celui qui reçoit son divin témoignage,
Et qui d'une foi vive a reçu l'héritage,
A déjà démontré qu'il est la Vérité,
Ce docteur qui s'exprime avec autorité.

Le Père, aimant son Fils, lui donne sans mesure
La domination sur toute créature.
La vie éternelle est à ceux qui croient au Fils ;
Et ceux qui n'y croient pas, tant parfaits fussent-ils,
Ne goûteront jamais cette vie immortelle,
Mais sur eux pèsera sa colère éternelle. »

Le roi Hérode fait emprisonner
Jean-Baptiste dans le fort Machéronte

ICI-BAS méprisé, haï, persécuté,
   Le juste par l'épreuve est souvent visité.
   Ennemi du pécheur qui le blâme et l'envie,
Il est raillé du sot, qui condamne sa vie.
Sa vertu fait horreur, surtout au libertin,
Qui ne rêve que fête, et que joyeux festin.

Ainsi Jean, homme ferme et que rien ne rebute,
Au blâme d'Antipas se vit bientôt en butte.
Ce prince corrompu, frivole et débauché,
Vivait depuis longtemps, plongé dans le péché.
Pris de la passion d'un infâme adultère,
Il avait épousé la femme de son frère.

Or Jean, qu'il consultait comme un de ses amis,
Lui répétait souvent : « Cela n'est pas permis. »
Un jour donc, Antipas, transporté de colère,
Voulut faire mourir le moniteur sévère.
Mais, du peuple craignant la réprobation,
Qui tenait le prophète en vénération,
Il fit emprisonner une vertu si pure,
Dans le fort Machéronte, une prison obscure.

Ambassade de Jean-Baptiste

à Jésus-Christ (Matt., xi, 2-6)

EPENDANT le Sauveur, rempli de charité,
Prêchait aux auditeurs de bonne volonté
Le royaume des cieux ; et la foule attirée
Savourait à longs traits sa doctrine sacrée.
Mais tandis qu'il parlait, ce Dieu plein de bonté,
Affirmait sa puissance et sa divinité
En semant sur ses pas grand nombre de miracles.
La nature et ses lois n'y mettaient point d'obstacles.
Jean-Baptiste, apprenant du fond de sa prison
Ces prodiges semés avec profusion,

Députa vers Jésus deux des siens, lents à croire
Qu'il était le Messie, Homme-Dieu, Roi de gloire,
Pour lui dire : « Etes-vous le Messie attendu,
Ou n'est-il pas encore à nos yeux apparu ? »

Aussitôt introduits auprès de sa personne,
Que la divinité de rayons environne,
Ils lui font leur message. En ce même moment
Jésus, sans leur parler, fit successivement
Des miracles nombreux ; chassa l'esprit immonde
Qui s'en va parcourant et séduisant le monde,
Ouvrit les yeux aux gens atteints de cécité,
Les oreilles à ceux atteints de surdité.
Puis, aux deux messagers adressant la parole :
« Allez (et que ceci dans ses fers le console),
Allez, dites à Jean ce que votre œil a vu,
Et ce que votre oreille a de près entendu :
Les boiteux marchent droit, les sourds ont des oreilles,
Les aveugles des yeux : Dites-lui ces merveilles.
Des corps des possédés les démons sont bannis,
Les morts ressuscités et les lépreux guéris.
Les muets à parler trouvent leur voix docile,
Et les pauvres enfin reçoivent l'évangile.
Malheur à qui pour croire étant mal disposé,
En ma parole, en moi sera scandalisé ! »

Le Messie, à son tour, rend à son précurseur un témoignage élogieux. (Matt., XI, 7-20.)

A peine de Jésus quittaient-ils la présence,
Qu'aussitôt s'adressant à toute l'assistance :
« Qu'êtes-vous allés voir, leur dit-il, au désert?
Un mobile roseau, vain caprice de l'air ?
Un homme qui se plaît au luxe, à la mollesse ?
Mais ceux qui sont vêtus avec tant de richesse
Habitent seulement dans les palais des rois.
Mais qu'êtes-vous allés voir encore une fois?
Un prophète?.. Oui vraiment, plus encor qu'un prophète
Comme dit l'Esprit-Saint, mon divin interprète :
« Voici qu'est envoyé mon Ange précurseur
« Pour préparer la voie au Messie, au Sauveur. »
En vérité je dis, des enfants de la terre
Jean-Baptiste, entre tous, tient la place première.
Pourtant le plus petit au royaume des cieux
Est, à la vérité, bien plus grand à mes yeux.
Mais on n'y peut entrer que par la patience ;
Car depuis Jean-Baptiste il souffre violence.
Aussi les violents, ceux qui voudront souffrir,
Les armes à la main pourront seuls le ravir.
Les prophètes anciens, annonçant le Messie,
Ont prédit jusqu'à Jean, le précurseur d'Elie ;

Et, pour qui veut comprendre, et savoir l'avenir,
Il est lui-même Elie, un jour qui doit venir
Au jugement dernier. Quiconque pour entendre
A bonne oreille, entende et tâche de comprendre ! »

Ce que les publicains, et le peuple entendant,
Glorifièrent Dieu du baptême de Jean.
Mais les pharisiens, les docteurs pleins d'eux-mêmes,
Blâmèrent du Sauveur les oracles suprêmes.
Jésus leur dit alors : « A qui les comparer
Les hommes de ce temps ? par quoi les figurer ?
Ils semblent des enfants sur la place publique
Disant : nous vous avons joué de la musique,
Et n'avez pas dansé ; nous avons célébré
Des lamentations, et n'avez pas pleuré.
Jean-Baptiste est venu, n'ayant pour nourriture
Qu'un peu de miel sauvage, et pour boisson l'eau pure,
Vous dites qu'un démon s'est emparé de Jean.
Puis vient le Fils de l'homme et buveant et mangeant,
Et vous dites qu'il est homme de bonne chère,
Qu'à son cœur des pécheurs la compagnie est chère.

Ainsi les orgueilleux seront mystifiés,
Les humbles, les petits seront justifiés. »

III

DÉCOLLATION ET MORT

DE

SAINT JEAN-BAPTISTE

(Matt., xiv, 1-13.)

ENFIN l'heure est venue où le saint personnage
Va rendre à Jésus-Christ son dernier témoignage.
Après avoir dans l'eau baptisé l'Innocent
Il doit être à son tour baptisé dans son sang.
Hérode, plein d'égards pour sa rare prudence,
L'écoutait volontiers, admirant sa science.
Mais, quand sur sa conduite il voulait son avis,
Jean lui disait toujours : « Il ne t'est pas permis

De vivre en adultère et garder pour épouse
La femme de ton frère. » Orgueilleuse et jalouse
L'infâme Hérodiade, ainsi piquée au vif,
En prison retenait Jean-Baptiste captif.
Depuis longtemps déjà cette femme exécrable
Epiait pour le perdre une heure favorable.
Enfin, au jour natal de son indigne amant,
Elle sut profiter de cet heureux moment.

Aux grands, aux officiers de sa cour, de son trône,
Et pour mieux rehausser l'éclat de sa couronne,
Ce roi voluptueux, impie et libertin,
Prépara pour ce jour un somptueux festin.
A la fin du repas, d'Hérodiade absente,
Parée élégamment, la fille se présente.
Son regard aussitôt sur elle étant jeté,
Le roi fut à sa vue épris de sa beauté.
Cependant s'avançant au milieu de la salle,
De sa belle parure avec art elle étale
Le charme séducteur et se met à danser.
Sa grâce plut au roi. Pour la récompenser :
« Ma fille, lui dit-il, vous avez su me plaire,
Demandez-moi ce qui pourrait vous satisfaire ;
Quand de tous mes états ce serait la moitié,
Tous vous est, je le jure, à l'instant octroyé. »

Alors, étant sortie, elle dit à sa mère :
« Dis-moi, quelle demande au roi me faut-il faire ? »
— « Demande, dit la mère au comble de ses vœux,
Que l'on coupe la tête au captif odieux ! »

Suivant cet ordre impie, elle rentre à la hâte ;
Puis, d'un air triomphant et d'un ton qui le flatte :
— « Je veux, dit-elle au roi, qu'en ce plateau d'argent,
Sans tarder, et sur l'heure, on m'apporte de Jean
La tête décollée !... et qu'on donne au plus vite
Au rebelle obstiné cette mort qu'il mérite ! »

A ces mots imprévus le roi fut contristé.
Mais se croyant lié par le serment prêté
Devant toute sa cour, ce roi faible et frivole
Par pur respect humain, s'en tint à sa parole.
Dès lors mettant son crime à l'exécution
Il confie au bourreau la triste mission
D'aller trancher la tête à l'homme inébranlable
Qui préféra la mort au silence coupable.
L'invincible martyr, ayant appris son sort,
D'un air calme et serein se prépare à la mort.
Il se met en prière, et quand son âme est prête,
Au tranchant de l'acier tend lui-même sa tête.
Le bourreau d'un seul coup la tranche sans pitié ;
La moitié de son corps quitte l'autre moitié.

De ce tronc mutilé le sang coule et ruisselle.
Son corps palpite et meurt, mais l'âme en sort plus belle.
On apporte sa tête en un plateau d'argent,
On offre à Salomé cet horrible présent.
La danseuse l'accepte et le donne à sa mère.
Cet ainsi que finit ce drame sanguinaire.

Ainsi les vains plaisirs, et le faste et l'orgueil
Trop souvent sont suivis d'un noir et triste deuil.
Ainsi de Salomé la parure immodeste
De cette triste mort fut la cause funeste.

Les disciples de Jean, ayant appris sa fin,
Accourent à la hâte ; et, le cœur tout chagrin,
Ils enlèvent son corps dans la nuit solitaire,
Puis, creusant un sépulcre, y déposent leur père.

ÉPILOGUE

Prose extraite de l'office de la Nativité
de saint Jean-Baptiste.

Un jour que sera cet enfant,
Aujourd'hui qui nous vient de naître ?
Si déjà Dieu se fait connaître,
Plus tard que fera ce bon Maître,
Dont le nom est le Tout-Puissant ?

Car à peine l'enfant est né
Qu'il rend la parole à son père ;
Le Saint-Esprit de sa lumière
Et de ses dons comble sa mère ;
Le voisinage est étonné.

4

Que parfait soit notre bonheur
A cette joyeuse naissance :
Ce n'est point un fils de vengeance,
Mais un fils de réjouissance
Qu'enfanta son sein sans douleur.

Pour le guider ne cherchez pas,
Dans sa faiblesse ou son enfance,
Un maître, un docteur en science ;
Cet enfant rempli de prudence,
Tout seul sait diriger ses pas.

Il naît prophète du Très-Haut,
Du Christ précédant la lumière ;
Plein de sa grâce salutaire,
Il vient illuminer la terre,
Assise à l'ombre du tombeau.

Voici que la Rédemption
Pour les mortels est plus certaine ;
Du Christ la venue est prochaine ;
De David poursuivant la chaîne,
Plus proche est l'Incarnation.

Peuples, faites attention,
Prêtez une oreille épurée,
De Jean la parole inspirée
Prêche, et la voie est préparée
Au Roi de toute nation.

Les grands déserts le recevront,
Les pentes seront nivelées,
Et les collines abaissées,
S'élèveront toutes vallées,
Les montagnes s'aplaniront.

Le Christ lui-même alors viendra
Du Jourdain à l'eau salutaire,
En inaugurant sa carrière.
Et, terminant son ministère,
Dans l'eau Jean le baptisera.

Quand Jean-Baptiste est envoyé,
Le Nouveau Testament commence,
L'Ancien finit son existence,
Et le ciel souffre violence,
Et l'Évangile est annoncé.

A sa voix, son autorité,
Rends, Christ, notre oreille docile :
Pour avoir de ton évangile
Le goût, l'entendement facile,
De nos cœurs romps la dureté.

A sa lumière, à sa clarté
Si nous étions trop lents à croire,
Conduis-nous plutôt dans ta gloire,
Près de toi pour nous faire boire
Aux sources de la Vérité.

Ainsi soit-il.

TABLE DES MATIÈRES

I

II

Lyon. — Impr. Emmanuel VITTE, rue Condé, 30.